Azione Cattolica Ambrosiana

TUTTO ACCADE IN PARABOLE

La buona notizia del Regno

Proposta di *lectio divina* per gli adulti

in dialogo

In copertina:
Giovanni Paolo Bardini, *Icona della parabola del buon samaritano*, chiesa San Pietro, Bologna

Testi biblici

Via Antonio da Recanate, 1 – 20124 Milano
Tel. 02.671316.1
E-mail: libri@chiesadimilano.it
www.itl-libri.com

ISBN 978-88-32047-48-6

PRESENTAZIONE

Perché la proposta della *lectio divina*

Sembra così scontato ricordarlo, eppure, anche in questo «passaggio d'epoca» così intenso, la domanda è del tutto decisiva: perché riproporre il cammino della *lectio divina*? Le parole di papa Francesco all'interno della *Evangelii Gaudium*, il manifesto programmatico del suo pontificato per la lettura del tempo e della presenza della Chiesa, ce lo ricordano con intensità:

> *Esiste una modalità concreta per ascoltare quello che il Signore vuole dirci nella sua Parola e per lasciarci trasformare dal suo Spirito.* È *ciò che chiamiamo "lectio divina". Consiste nella lettura della Parola di Dio all'interno di un momento di preghiera per permetterle di illuminarci e rinnovarci.*
>
> (*Evangelii Gaudium*, 152)

Proprio così, sentiamo decisivo, anche in questo nuovo inedito avvio – dopo e, in qualche modo, ancora dentro la grande ondata della pandemia –, ripartire dall'ascolto di quello che il Signore vuole dirci e come vuole trasformarci per rimanere nel suo bene che è donato a tutti. Per questa ragione, anche per quest'anno l'Azione Cattolica intende proporre agli adulti la celebrazione della *lectio divina* nei decanati della diocesi. Sentiamo questo servizio come un dovere maturato dalla consapevolezza che pregare "nella" Parola è incontrare Dio che, non solo ci dice delle cose, ma soprattutto ci rivela il suo volto, la sua volontà di salvezza e il suo amore per ciascuno. Vogliamo quindi proporre di condividere la bellezza di metterci in ascolto del Signore e di aiutarci a vicenda ad accogliere la sua verità, così che la sua Parola sia lampada per i nostri passi e luce sul nostro cammino (cfr. *Salmo* 118/119, 105).

Il metodo della *lectio divina*

Anche una parola sul metodo non è del tutto scontata. La *lectio divina* è l'antichissima prassi di leggere la Scrittura in un clima di preghiera e come preghiera. Così come la tradizione ce l'ha consegnata, si compone di quattro "gradini" che descrivono un vero e proprio viaggio nel testo in cui la lettura è chiamata a divenire incontro col Signore vivente, capace di mettere ordine nella vita: la *lectio*, che coincide con il semplice esercizio umano dell'ascolto; la *meditatio*, che intende approfondire la conoscenza personale del testo, ricercandone il messaggio contenuto, attraverso la riflessione sui soggetti, le azioni, le parole, gli atteggiamenti e i sentimenti incontrati nella lettura; l'*oratio* , che descrive la risposta personale alla Parola rivelata, in forma di preghiera, la *contemplatio*, che è, infine, l'intrattenersi cuore a cuore con Dio, in un dialogo intimo ed affettuoso.

È il momento, questo, nel quale si accoglie con profondo affetto la rivelazione che Dio fa di sé alla nostra vita, riconoscendo come veramente la sua Parola ci è estremamente vicina: è nel nostro cuore, nella nostra intimità più profonda, e, insieme chiede di diventare la verità delle nostre labbra e del nostro agire. In tal modo la contemplazione del mistero di Dio non diviene fine a se stessa, ma concretamente stile di vita, sguardo sul mondo, interpretazione della storia, orizzonte ultimo di ogni nostro agire.

Nei quattro gradini della *lectio divina* è così tracciato un cammino prodigioso che ritrascrive da vicino l'itinerario di una vita spirituale. Si tratta, infatti, di quell'itinerario che appartiene all'esperienza di fede di ogni credente che va dall'*ascolto* alla *conoscenza*, per giungere alla maturità dell'*amore*.

Il tema della *lectio*

Perché Gesù parlava in parabole? In un celebre corso di esercizi spirituali, il cardinale Carlo Maria Martini riprendeva questa domanda intrigante. Sono passati quasi quarant'anni e la riposta che lui dava assume un'attualità rimarchevole per questo nostro tempo. Allora, tra l'annuncio più intellettuale tipico della nostra

Europa e quello più parabolico del mondo africano – il corso degli esercizi si svolse, infatti, in Kenia nell'estate del 1984 – la questione posta riguardava la forma dell'annuncio missionario. Vale la pena riprendere la sua intuizione:

> Mi sono chiesto come debba essere il discorso missionario, quale forma debba prendere. Il problema è antico e risale agli inizi delle missioni; può forse riuscire proficuo ripensarlo qui, non in forma di lezione, di discussione, bensì, come faceva s. Agostino, in forma di preghiera: Signore, tu che sei la verità, mostrami la verità. Parlami, tu che sei la sapienza; metti nel mio cuore i pensieri, le parole giuste, non per me, ma perché possa nutrire i tuoi fratelli.

Ecco, questo è l'intento umile, se volete, ma decisivo per il cammino che viene proposto: provare a ripensare in forma di preghiera l'inesauribile novità della missione che ci attende in questo nostro tempo.

Le parabole raccontano, infatti, l'eccesso di Dio che si manifesta dentro realtà e vicende che conosciamo bene. Ci sono pratiche ed eventi familiari che diventano manifestazione della presenza di Dio e del suo stile. Esse svelano e coprono, nello stesso tempo, il mistero di Dio, la sua vita e il suo regno. L'agire di Dio e il suo mistero sono troppo grandi per essere rinchiusi in un'immagine o in un racconto ma, insieme, dentro di essi questo stesso mistero si lascia conoscere e intravvedere. Non in un concetto astruso e astratto, piuttosto quale realtà del tutto accessibile alla nostra vita, capace di imbastire e manifestarsi dentro legami, vicende e dinamiche molto familiari, persino ordinarie e scontate.

Non è dunque possibile esaurirlo in un racconto o in un'immagine, ma quella somiglianza ci rende l'dea, ci mette sulla strada, ci fa percepire qualcosa di lui e del suo regno. In tal modo, il regno è simile a un seminatore, una casa, dove c'è un padre e ci sono dei figli, a una rete, a un granello di senape…, ma non è identico a essi. Aderisce totalmente a quelle immagini, ma non si esaurisce in esse. La rete, il seminatore, la casa, il gregge, i fratelli, un padre, un amico, sono immagini di rapporti e vicende che ben conosciamo e che manifestano un tratto del mistero eccedente del regno. Nessuna immagine e nessuna storia potrebbe mai essere esaustiva. Laddove lo fosse saremmo già caduti nell'idolatria di un vitello o qualcosa di simile. È stato il rischio di sempre, anche di oggi.

Ci pare che, nell'inevidenza pubblica più marcata di Dio nelle nostre città, forse, ci si apre la possibilità di nuovi nomi di lui; si illuminano imprevedibili e inedite opportunità per chiamarlo e riconoscerlo, più serenamente, più giustamente, persino in forme più rispettose del suo mistero di quelle che abbiamo ereditato e, purtroppo, un po' estenuato e corrotto. Per questo abbiamo pensato che partire dall'ascolto delle parabole, fosse, certo, una piccola scelta, ma decisiva quanto al metodo. Vorremmo reimparare ad ascoltare a cosa è simile il regno di Dio, senza ingombrarlo o oscurarlo con i nostri pensieri, anche religiosi.

Troviamo qui l'idea di una ripresa possibile nel tempo dopo la pandemia. Gesù ha raccontato immagini del regno attraverso le parabole. Per gli uomini e i discepoli di allora era la via per annunciare le grandezze incommensurabili del regno, diversamente poco comprensibili. Per l'uomo di oggi e discepoli smarriti come noi, può essere una ripartenza graduale per immagini e coinvolgente. Chi ascolta, infatti, non è semplicemente un uditore, ma è chiamato a mettersi in gioco, a prendere posizione, a ripartire, riconoscendo il mistero di grazia che già abita qui e ora.

L'itinerario, scelto dal Vangelo secondo Luca permette di prestare attenzione ad alcuni atteggiamenti fondamentali della proposta del regno di Dio, da parte di Gesù: l'ascolto, l'amore e il perdono, la cura per l'uomo ferito, la perseveranza nella preghiera e l'interrogativo su ciò che conta davvero nella vita.

Di ogni buon racconto si dice che la storia inizia quando il narratore tace. Lasciamo che Gesù ci racconti del mistero di Dio e del regno, delle sue ampiezze e dei suoi stili. Quel racconto vive in noi e vivrà in noi, se gli daremo la giusta ospitalità e lo faremo durare nei nostri giorni.

L'itinerario della *lectio*

PRIMO INCONTRO
Le due case
La forza dell'ascolto
(*Luca* 6,46-49)

SECONDO INCONTRO
I due debitori
L'amore e il perdono
(*Luca* 7,36-50)

TERZO INCONTRO
Il Samaritano
La cura per l'uomo ferito
(*Luca* 10,25-37)

QUARTO INCONTRO
L'amico importuno
La perseveranza nella preghiera
(*Luca* 11,5-13)

QUINTO INCONTRO
L'uomo ricco e l'uomo stolto
Cosa conta davvero
(*Luca* 12,13-21)

Suggerimenti per l'animazione della *lectio*

Lasciando a ciascun decanato la possibilità di decidere diverse modalità con le quali animare la celebrazione, suggeriamo alcune attenzioni comuni.

✓ È importante, anzitutto, introdursi nella preghiera invocando lo Spirito affinché «visiti le nostre menti e riempia della sua grazia i nostri cuori». Invocare il dono dello Spirito significa fare spazio nel nostro animo, liberarsi dai rumori della mente e del cuore così che la Parola trovi un terreno buono nel quale poter fecondare e portare frutto. Potrà essere fatto nella preghiera corale, col canto, oppure tramite la lettura di un solista con un adeguato sottofondo musicale.

✓ Il tempo dell'ascolto venga introdotto, come di consueto, con una processione di intronizzazione della Parola.

✓ Il momento della *lectio* bisogna viverlo con calma. È importante avere con sé una penna per sottolineare le parole che colpiscono e annotare i pensieri-chiave trasmessi dal predicatore. In tal modo, la nostra attenzione viene stimolata, l'intelligenza, la fantasia e la sensibilità si muovono, facendo sì che il brano, magari già noto, appaia nuovo.

✓ È necessario il silenzio per una buona *meditatio*. Raccomandiamo uno spazio adeguato di silenzio così da poter riprendere le parole del testo sottolineate, i pensieri, le immagini e i sentimenti emersi dall'ascolto. È il momento nel quale si riflette nel proprio spirito: che cosa dice a me il brano che è stato proclamato? Quale messaggio in riferimento all'oggi della mia vita raccolgo dalle parole del testo e dalle riflessioni che mi sono state donate?

✓ Alcuni brevi testi in sintonia con il brano scelto potranno aiutare la riflessione.
Il tempo del silenzio potrà essere utilmente introdotto da un canone di Taizé, o un breve canto di meditazione, cui seguirà un momento di sottofondo musicale.
Un'icona, che potrà fare da filo conduttore per tutti gli incontri, potrà essere esposta dall'inizio della celebrazione. All'avvio del tempo di silenzio, dall'assemblea, un fedele accenderà il cero posto davanti all'icona ad indicare l'inizio del tempo di preghiera personale.

✓ *Oratio*. La ripresa del canone di Taizé o del canto di meditazione, introdurrà un possibile tempo comune di risonanza. Mantenendo un leggero sottofondo musicale, in modo da favorire il raccoglimento, ciascuno potrà far risuonare per tutti la parola del salmo o del Vangelo che ha suscitato in modo particolare la preghiera personale. La ripresa del canto chiuderà il tempo della preghiera silenziosa. Seguirà la preghiera di intercessione secondo il libretto.

✓ Prima della conclusione sarà proposta l'*actio*. Essa si pone come una "decisione" per la vita della comunità, nata dalla condivisione dell'incontro con "quel" brano della Parola di Dio. È l'indicazione di atteggiamenti o scelte da coltivare nel tempo, come risposta a ciò che è stato ascoltato.

✓ In base all'esperienza compiuta durante il tempo della pandemia, consigliamo di mantenere o introdurre la possibilità di seguire in diretta – o se non possibile in differita – le singole celebrazioni, avvalendosi dei canali di streaming o diffondendo con altri mezzi i contenuti audio-video. Questa attenzione va rivolta in particolare a coloro che non possono seguire in presenza gli incontri, perché impossibilitati.

PRIMO INCONTRO

Le due case

La forza dell'ascolto

(*Luca* 6,46-49)

Canto

G. Nel nome del Padre e del Figlio e dello Spirito Santo.
T. Amen.

G. Il Signore sia con voi.
T. E con il tuo spirito.

INVOCAZIONE ALLO SPIRITO SANTO

Lo Spirito di Cristo (*cantato o recitato*)

**Lo spirito di Cristo fa fiorire il deserto:
torna la vita, noi diventiamo testimoni di luce!**

Non abbiamo ricevuto uno Spirito di schiavitù
ma uno Spirito di amore, uno Spirito di pace
nel quale gridiamo Abbà padre!

Lo Spirito che Cristo risuscitò,
darà vita ai nostri corpi, corpi mortali
e li renderà strumenti di salvezza, strumenti di salvezza.

Non siamo più divisi e chiusi in noi stessi,
non siamo più sterili e fuori della storia;
lo Spirito invade il cuore, ci rende nuova creatura!

Sono venuto a portare il fuoco sulla terra
e come desidero che divampi nel mondo
e porti amore ed entusiasmo in tutti i cuori.

G. Preghiamo.
Padre che ci indichi la via della verità e della vita, rendici capaci di scegliere con coraggio ciò che la tua Parola ci chiede e aiutaci a rimanerle sempre fedeli.
Per Cristo nostro Signore.
T. Amen.

IN ASCOLTO DELLA PAROLA

Canto di acclamazione della Parola

(Il lezionario viene portato processionalmente, fra due ceri, e posto su un leggio, davanti o sull'altare)

(seduti)

Proclamazione della Parola

Lettura del *Vangelo secondo Luca* (6,46-49)

[46]Perché mi invocate: "Signore, Signore!" e non fate quel-
lo che dico? [47]Chiunque viene a me e ascolta le mie parole e
le mette in pratica, vi mostrerò a chi è simile: [48]è simile a un
uomo che, costruendo una casa, ha scavato molto profondo
e ha posto le fondamenta sulla roccia. Venuta la piena, il fiu-
me investì quella casa, ma non riuscì a smuoverla perché era
costruita bene. [49]Chi invece ascolta e non mette in pratica, è
simile a un uomo che ha costruito una casa sulla terra, senza
fondamenta. Il fiume la investì e subito crollò; e la distruzione
di quella casa fu grande.

Proposta di *lectio*

Tempo di *meditatio*

Viviamo molto fuori di noi stessi e sono pochi gli uomini che realmente entrano in se stessi. Per questo vi sono tanti problemi nel cuore di ogni uomo. Ma vi è anche una piccola cella intima dove Dio scende per conversare a tu per tu con l'uomo. Se ogni uomo entrasse in quella cella e lì ascoltasse la voce del Signore, quanto potremmo fare per migliorare l'ambiente, la società, la famiglia in cui viviamo.

(Oscar Arnulfo Romero, *Omelia del 10 luglio 1977*)

Cari ragazzi, dobbiamo trovare e fissare nella giornata un momento - non è la lunghezza che conta quanto l'intensità - per piegarci sopra noi stessi, ascoltare il maestro interiore, coltivare un poco la nostra anima, scrivere un appunto di diario, leggere una pagina di verità o di bontà. Per pensare, in altre parole; perché la verità variamente raccolta dalla vita, dai libri, dalle conversazioni deve essere "ruminata" interiormente, per diventare sangue dell'anima e ha bisogno di essere lentamente distillata nello spirito per poter lasciare le scorie e le impurità.

(Don Carlo Gnocchi, *Restaurazione della persona umana*, 1946)

Preghiera corale (*Salmo* 37,7-9.27-29)

Sta' in silenzio davanti al Signore e spera in lui;
non irritarti per chi ha successo,
per l'uomo che trama insidie.

Desisti dall'ira e deponi lo sdegno,
non irritarti: faresti del male,

poiché i malvagi saranno sterminati,
ma chi spera nel Signore possederà la terra.

Sta' lontano dal male e fa' il bene,
e avrai sempre una casa.

Perché il Signore ama la giustizia
e non abbandona i suoi fedeli;
gli empi saranno distrutti per sempre
e la loro stirpe sarà sterminata.

I giusti possederanno la terra
e la abiteranno per sempre.

Tempo per l'*oratio*

G. Il Signore ci invita all'ascolto e a mettere in pratica le sue parole:
T. fa' o Signore che la nostra mente e il nostro cuore siano sempre aperti alla tua Parola.

G. Signore, tu che sempre ci sei vicino, e ci sostieni nei momenti bui
T. fa' che sappiamo mantenere ben salde le nostre radici in te.

G. Signore, tu che ci sproni a fare la tua volontà
T. fa' che ci impegniamo a trasformare le tue parole nelle scelte di ogni giorno, senza arrenderci di fronte agli ostacoli.

G. Signore, tu che sempre conosci le nostre strade
T. fa' che non abbiamo a perderci lontano da te.

(eventuali ulteriori intenzioni libere)

Proposta di *actio*

G. Il Signore ci ha donato la sua Parola.
Accogliamola con gioia e lasciamoci plasmare da essa.
La nostra comunione si rafforzi e ci renda tutti testimoni vivi e credibili del Vangelo, attori di speranza nelle nostre case e sulle strade che percorriamo ogni giorno.

Insieme vogliamo proporci questa attenzione e questo gesto:

____

____

____

G. Sia la Parola di Dio lampada per i nostri passi e luce sul nostro cammino.

T. Sia la Parola di Dio lampada per i nostri passi e luce sul nostro cammino.
Amen.

Padre nostro

Benedizione

Canto di congedo

I due debitori
L'amore e il perdono
(*Luca* 7,36-50)

Canto

G. Nel nome del Padre e del Figlio e dello Spirito Santo.
T. Amen.

G. Il Signore sia con voi.
T. E con il tuo spirito.

INVOCAZIONE ALLO SPIRITO SANTO

Vieni Spirito d'amore (*cantato o recitato*)

Vieni, vieni Spirito d'amore
ad insegnar le cose di Dio.
Vieni, vieni Spirito di pace
a suggerir le cose che lui ha detto a noi.

Noi ti invochiamo, Spirito di Cristo:
vieni tu dentro di noi.
Cambia i nostri occhi, fa' che noi vediamo
la bontà di Dio per noi.

Vieni, o Spirito dai quattro venti
e soffia su chi non ha vita.
Vieni, o Spirito, e soffia su di noi,
perché anche noi riviviamo.

Insegnaci a sperare, insegnaci ad amare,
insegnaci a lodare Iddio.

Insegnaci a pregare, insegnaci la vita,
insegnaci tu l'unità.

G. Preghiamo.
Padre, che sei pronto ad accogliere tutti, guarda alle nostre debolezze e fragilità; fa' che ci lasciamo raggiungere dal tuo amore gratuito e sappiamo condividerlo con i nostri fratelli.
Per Cristo nostro Signore.
T. Amen

IN ASCOLTO DELLA PAROLA

Canto di acclamazione della Parola

(Il lezionario viene portato processionalmente, fra due ceri, e posto su un leggio, davanti o sull'altare)

(seduti)

Proclamazione della Parola

Lettura del *Vangelo secondo Luca* (7,36-50)

36 Uno dei farisei lo invitò a mangiare da lui. Egli entrò nella
casa del fariseo e si mise a tavola. 37 Ed ecco, una donna, una
peccatrice di quella città, saputo che si trovava nella casa del
fariseo, portò un vaso di profumo; 38 stando dietro, presso i pie-
di di lui, piangendo, cominciò a bagnarli di lacrime, poi li asciu-
gava con i suoi capelli, li baciava e li cospargeva di profumo.
39 Vedendo questo, il fariseo che l'aveva invitato disse tra sé:
"Se costui fosse un profeta, saprebbe chi è, e di quale genere
è la donna che lo tocca: è una peccatrice!".
40 Gesù allora gli disse: "Simone, ho da dirti qualcosa". Ed egli
rispose: "Di' pure, maestro". 41 "Un creditore aveva due debi-
tori: uno gli doveva cinquecento denari, l'altro cinquanta.

[42]Non avendo essi di che restituire, condonò il debito a tut-
ti e due. Chi di loro dunque lo amerà di più?". [43]Simone rispo-
se: "Suppongo sia colui al quale ha condonato di più". Gli disse
Gesù: "Hai giudicato bene". [44]E, volgendosi verso la donna,
disse a Simone: "Vedi questa donna? Sono entrato in casa tua
e tu non mi hai dato l'acqua per i piedi; lei invece mi ha bagna-
to i piedi con le lacrime e li ha asciugati con i suoi capelli. [45]Tu
non mi hai dato un bacio; lei invece, da quando sono entrato,
non ha cessato di baciarmi i piedi. [46]Tu non hai unto con olio
il mio capo; lei invece mi ha cosparso i piedi di profumo. [47]Per
questo io ti dico: sono perdonati i suoi molti peccati, perché
ha molto amato. Invece colui al quale si perdona poco, ama
poco". [48]Poi disse a lei: "I tuoi peccati sono perdonati". [49]Allo-
ra i commensali cominciarono a dire tra sé: "Chi è costui che
perdona anche i peccati?". [50]Ma egli disse alla donna: "La tua
fede ti ha salvata; va' in pace!".

Proposta di *lectio*

Tempo di *meditatio*

Io mi rendei, piangendo, a Quei che volentier perdona.
Orribil furon li peccati miei,
ma la bontà infinita ha sì gran braccia
che prende ciò che si rivolge a Lei.

(Dante, *Divina Commedia*, *Purgatorio*, canto III)

Giuseppina Mauri ha 59 anni quando la bomba della stazione di Bologna (1980) le uccide il figlio Carlo, la nuora Anna, il nipotino

Luca. Il marito muore di crepacuore. Lei perdona, il perdono la fa monaca. Diventa suor Francesca e nel monastero ritrova la serenità e addirittura la felicità. Ecco il racconto che fa sette anni dopo: «Ho provato un dolore sconfinato. Mi sono domandata: "Che cosa posso fare perché finiscano queste cose orrende? Perché non ci siano più stragi, morti, bombe, odio?". Ho pensato: posso solo perdonare. Perché se io dico: ti perdono, chi ha commesso qualcosa incomincia a pensare a quel che ha fatto. È quando restituisci l'odio che l'altro non pensa più a quello che ha fatto. Anzi, all'odio si unisce altro odio, da vendetta nasce vendetta. E chi ha commesso una colpa, finisce persino per dimenticare che l'ha commessa. Invece, se perdoni metti dentro al cuore del colpevole il senso della riflessione: e verrà un giorno in cui ripenserà a quello che ha fatto. [...] Nessuno mi ha detto che dovevo perdonare. È stato un mio bisogno».

(Luigi Accattoli, *Cerco fatti di Vangelo*)

Se mi capitasse un giorno (e potrebbe essere oggi) di essere vittima del terrorismo [...] venuto il momento, vorrei avere quell'attimo di lucidità che mi permettesse di sollecitare il perdono di Dio e quello dei miei fratelli in umanità, e nel tempo stesso di perdonare con tutto il cuore chi mi avesse colpito.
[...] Evidentemente, la mia morte sembrerà dar ragione a quelli che mi hanno rapidamente trattato da ingenuo o da idealista: "Dica adesso quel che ne pensa!". Ma costoro devono sapere che sarà finalmente liberata la mia più lancinante curiosità. Ecco che potrò, se piace a Dio, immergere il mio sguardo in quello del Padre, per contemplare con lui i suoi figli dell'islam come lui li vede, totalmente illuminati dalla gloria di Cristo [...].
E anche te, amico dell'ultimo minuto, che non avrai saputo quel che facevi. Sì, anche per te voglio questo "grazie" e questo ad-Dio profilatosi con te. E che ci sia dato di ritrovarci, ladroni beati, in paradiso, se piace a Dio, Padre nostro, di tutti e due. Amen!

(Christian De Chergé, *Testamento*, monaco a Tibhirine, ucciso in Algeria nel 1996)

Preghiera corale (*Salmo* 113,2-8)

Sia benedetto il nome del Signore,
ora e sempre.

Dal sorgere del sole al suo tramonto
sia lodato il nome del Signore.

Su tutti i popoli eccelso è il Signore,
più alta dei cieli è la sua gloria.

Chi è pari al Signore nostro Dio
che siede nell'alto

e si china a guardare
nei cieli e sulla terra?

Solleva l'indigente dalla polvere,
dall'immondizia rialza il povero,

per farlo sedere tra i principi,
tra i principi del suo popolo.

Tempo per l'*oratio*

G. Il Signore ci invita all'incontro con lui, sta a noi accettare l'invito;
T. ascoltiamo la sua voce e convertiamo i nostri cuori.

G. Gesù ci dona un amore grande, smisurato;
T. fa', o Signore, che alimentati dal tuo amore riusciamo a riversarlo su tutti i fratelli.

G. Gesù legge nel nostro cuore ed è pronto a sostenerci sempre;
T. impariamo a riconoscere le nostre cadute, i nostri sbagli e ad affidarci alle braccia misericordiose del Padre.

G. Gesù sa vedere l'amore e la fede che c'è in ciascuno di noi;
T. fa' che anche noi non ci lasciamo condurre da pregiudizi, ma cerchiamo di incontrare l'altro nella verità.

(eventuali ulteriori intenzioni libere)

Proposta di *actio*

G. Il Signore ci ha donato la sua Parola.
Accogliamola con gioia e lasciamoci plasmare da essa.
La nostra comunione si rafforzi e ci renda tutti testimoni vivi e credibili del Vangelo, attori di speranza nelle nostre case e sulle strade che percorriamo ogni giorno.

Insieme vogliamo proporci questa attenzione e questo gesto:

____

____

____

G. Sia la Parola di Dio lampada per i nostri passi e luce sul nostro cammino.
T. Sia la Parola di Dio lampada per i nostri passi e luce sul nostro cammino.
Amen.

Padre nostro

Benedizione

Canto di congedo

TERZO INCONTRO

Il Samaritano

La cura per l'uomo ferito

(*Luca* 10,25-37)

Canto

G. Nel nome del Padre e del Figlio e dello Spirito Santo.
T. Amen.

G. Il Signore sia con voi.
T. E con il tuo spirito.

INVOCAZIONE ALLO SPIRITO SANTO

Riconoscere lo Spirito (*recitato a due cori*)

Vieni Spirito Santo
aleggia sul nostro caos,
semina i tuoi germi di vita
compi oggi una nuova creazione.

Illumina i nostri occhi
perché vedano la tua presenza,
anche là dove non appare,
dove non troviamo i nostri volti riflessi.

Dove c'è amore, desiderio di pace,
impegno di giustizia e di uguaglianza,
dove c'è dono generoso di sé,
ci sei tu, c'è la tua forza divina.

Non lasciarci inerti e passivi
davanti alle masse disorientate;

non chiusi in giudizi negativi,
ma aperti a trasmettere il tuo dono.

G. Preghiamo.
Signore Gesù, rendi vera la nostra fede, insegna al nostro cuore ad amare e ad andare verso gli altri, perché il mondo possa scoprire il tuo amore nel nostro credere.
Lo chiediamo a Te, che vivi e regni nei secoli dei secoli.
T. Amen.

IN ASCOLTO DELLA PAROLA

Canto di acclamazione della Parola

(Il lezionario viene portato processionalmente, fra due ceri, e posto su un leggio, davanti o sull'altare)

(seduti)

Proclamazione della Parola

Lettura del *Vangelo secondo Luca* (10,25-37)

25 Ed ecco, un dottore della Legge si alzò per metterlo alla pro-
va e chiese: «Maestro, che cosa devo fare per ereditare la vita
eterna?». 26 Gesù gli disse: «Che cosa sta scritto nella Legge?
Come leggi?». 27 Costui rispose: «*Amerai il Signore tuo Dio con
tutto il tuo cuore, con tutta la tua anima, con tutta la tua forza e
con tutta la tua mente, e il tuo prossimo come te stesso*». 28 Gli dis-
se: «Hai risposto bene; fa' questo e vivrai».
29 Ma quello, volendo giustificarsi, disse a Gesù: «E chi è mio
prossimo?». 30 Gesù riprese: «Un uomo scendeva da Gerusalem-
me a Gerico e cadde nelle mani dei briganti, che gli portarono
via tutto, lo percossero a sangue e se ne andarono, lasciando-
lo mezzo morto. 31 Per caso, un sacerdote scendeva per quel-

la medesima strada e, quando lo vide, passò oltre. 32Anche
un levita, giunto in quel luogo, vide e passò oltre. 33Invece un
Samaritano, che era in viaggio, passandogli accanto, vide e ne
ebbe compassione. 34Gli si fece vicino, gli fasciò le ferite, ver-
sandovi olio e vino; poi lo caricò sulla sua cavalcatura, lo portò
in un albergo e si prese cura di lui. 35Il giorno seguente, tirò fuo-
ri due denari e li diede all'albergatore, dicendo: "Abbi cura di lui;
ciò che spenderai in più, te lo pagherò al mio ritorno". 36Chi di
questi tre ti sembra sia stato prossimo di colui che è caduto nel-
le mani dei briganti?». 37Quello rispose: «Chi ha avuto compas-
sione di lui». Gesù gli disse: «Va' e anche tu fa' così».

Proposta di *lectio*

Tempo di *meditatio*

Accogliere il povero, il malato, lo straniero, il carcerato è fargli spazio nel proprio tempo, nella propria casa, nelle proprie amicizie, nella propria città e nelle proprie leggi. La carità è molto più impegnativa di una beneficenza occasionale: la prima coinvolge e crea un legame, la seconda si accontenta di un gesto

(CEI, *Evangelizzazione e testimonianza della carità*, n. 39, 1970)

La cultura del benessere che ci porta a pensare anzitutto a noi, ci rende insensibili al grido degli altri, ci fa vivere come in tante bolle di sapone che sono belle ma inconsistenti, sono l'illusione del futile, del provvisorio che porta all'indifferenza verso gli altri e conduce così alla mondializzazione dell'indifferenza.
Abbiamo fatto l'abitudine alla sofferenza degli altri. Non ci riguarda, non ci interessa, non è cosa nostra...
Vorrei chiedervi: chi tra noi ha pianto per queste persone che erano sui barconi? Per le giovani mamme che portavano i loro

bambini? Per questi uomini che desideravano qualche cosa per far vivere le loro famiglie?
La nostra società ha dimenticato l'esperienza dei pianti, del "soffrire con": la mondializzazione dell'indifferenza.

(Papa Francesco, Lampedusa 8 luglio 2013)

Preghiera corale (*Salmo* 22,17-25)

Un branco di cani mi circonda,
mi assedia una banda di malvagi;
hanno forato le mie mani e i miei piedi,

posso contare tutte le mie ossa.
Essi mi guardano, mi osservano:

si dividono le mie vesti,
sul mio vestito gettano la sorte.

Ma tu, Signore, non stare lontano,
mia forza, accorri in mio aiuto.

Scampami dalla spada,
dalle unghie del cane la mia vita.

Salvami dalla bocca del leone
e dalle corna dei bufali.

Annunzierò il tuo nome ai miei fratelli,
ti loderò in mezzo all'assemblea.

Lodate il Signore, voi che lo temete,
gli dia gloria la stirpe di Giacobbe,
lo tema tutta la stirpe di Israele;

perché egli non ha disprezzato
né sdegnato l'afflizione del misero,
non gli ha nascosto il suo volto,
ma, al suo grido d'aiuto, lo ha esaudito.

Tempo per l'*oratio*

G. Il Signore Gesù ci invita a lasciarci coinvolgere dall'inaspettato che incontriamo sulla nostra strada:
T. fa', o Signore, che ci lasciamo interpellare dalla realtà che stiamo attraversando.

G. Stiamo vivendo tempi complessi in cui spesso siamo caduti nella tentazione di rinchiuderci pensando solo a noi stessi:
T. fa', o Signore, che comunque non si sopisca mai in noi la capacità di compatire e prenderci cura di quanto sono "feriti" dalla vita.

G. L'amore non ha confini, non ha frontiere, non ha schemi prestabiliti.
T. O Signore, donaci la capacità di essere creativi in tutte le situazioni inedite che ci troviamo ad affrontare, per amare ciascuno in maniera unica e irripetibile.

G. Gesù tu che hai avuto, nella vita terrena, uno sguardo benevolo a chi attraversava una difficoltà
T. facci essere uomini e donne costruttori di una società attenta agli ultimi e ai poveri.

(eventuali ulteriori intenzioni libere)

Proposta di *actio*

G. Il Signore ci ha donato la sua Parola.
Accogliamola con gioia e lasciamoci plasmare da essa.
La nostra comunione si rafforzi e ci renda tutti testimoni vivi e credibili del Vangelo, attori di speranza nelle nostre case e sulle strade che percorriamo ogni giorno.

Insieme vogliamo proporci questa attenzione e questo gesto:

G. Sia la Parola di Dio lampada per i nostri passi e luce sul nostro cammino.

T. Sia la Parola di Dio lampada per i nostri passi e luce sul nostro cammino.
Amen.

Padre nostro

Benedizione

Canto di congedo

L'amico importuno
La perseveranza nella preghiera
(*Luca* 11,5-13)

G. Nel nome del Padre e del Figlio e dello Spirito Santo.
T. Amen.

G. Il Signore sia con voi.
T. E con il tuo spirito.

INVOCAZIONE ALLO SPIRITO SANTO

Un solo Spirito (*recitato o cantato*)

Un solo Spirito, un solo battesimo, un solo Signore Gesù.
Nel segno dell'amore tu sei con noi,
nel nome tuo viviamo fratelli:
nel cuore la speranza che tu ci dai,
la fede che ci unisce cantiamo.

Io sono la vite e voi siete i tralci miei:
il tralcio che in me non vive sfiorirà,
ma se rimanete in me, il Padre mio vi darà
la forza di una vita che non muore mai!

Io sono la vera via e la verità:
amici vi chiamo e sempre sto con voi.
Chi annuncia al fratello suo la fede nel nome mio,
davanti al Padre io lo riconoscerò.

Lo Spirito Santo in voi parlerà di me;
dovunque c'è un uomo al mondo sono io;

ognuno che crede in me fratello vostro sarà:
nel segno del battesimo rinascerà.

G. Preghiamo.
Signore, fonte di ogni bene, accogli con bontà la nostra preghiera e aiutaci a non stancarci mai di invocarti in ogni circostanza, lieta o triste, della nostra vita.
Lo chiediamo a Te, che vivi e regni nei secoli dei secoli.
T. Amen.

IN ASCOLTO DELLA PAROLA

Canto di acclamazione della Parola

(Il lezionario viene portato processionalmente, fra due ceri, e posto su un leggio, davanti o sull'altare)

(seduti)

Proclamazione della Parola

Lettura del *Vangelo secondo Luca* (11,5-13)

[5]Poi disse loro: «Se uno di voi ha un amico e a mezzanotte va
da lui a dirgli: "Amico, prestami tre pani, [6]perché è giunto da me
un amico da un viaggio e non ho nulla da offrirgli", [7]e se quel-
lo dall'interno gli risponde: "Non m'importunare, la porta è già
chiusa, io e i miei bambini siamo a letto, non posso alzarmi per
darti i pani", [8]vi dico che, anche se non si alzerà a darglieli per-
ché è suo amico, almeno per la sua invadenza si alzerà a dar-
gliene quanti gliene occorrono. [9]Ebbene, io vi dico: chiedete e
vi sarà dato, cercate e troverete, bussate e vi sarà aperto. [10]Per-
ché chiunque chiede riceve e chi cerca trova e a chi bussa sarà
aperto. [11]Quale padre tra voi, se il figlio gli chiede un pesce, gli

darà una serpe al posto del pesce? [12]O se gli chiede un uovo, gli darà uno scorpione? [13]Se voi dunque, che siete cattivi, sapete dare cose buone ai vostri figli, quanto più il Padre vostro del cielo darà lo Spirito Santo a quelli che glielo chiedono!».

Proposta di *lectio*

Tempo di *meditatio*

Due preghiere sono alla base della vita cristiana. Una: "Signore, insegnaci a pregare"; e l'altra: "Ho fede, aumenta la mia fede". Proprio perché la fede è una delle realtà più fragili e vulnerabili della vita cristiana. E se uno ha "un poco di fede" accoglierà anche poco la Parola. Ma non può limitarsi ad accogliere un poco, perché la vita non è fatta solo di un poco. La vita è tutta la realtà e la Parola va accolta in tutta la sua ricchezza; questa Parola deve penetrare tutta la mia vita. È la legge della totalità di Dio: Dio è tutto. Io accolgo Dio soltanto se l'accolgo con tutto il mio essere. Se l'accolgo solo col mio cervello, non accolgo Dio; e nemmeno solo col cuore; perché si rischierebbe di cadere in una affettività sentimentale. Tutta la mia vita deve essere accoglienza di Dio. [...]

Preghiera "semplice" non significa preghiera facile [...]. La preghiera personale costa fatica perché richiede come elementi essenziali il silenzio e la perseveranza.

Dio ci rivolge appelli, ci invia il suo Spirito, ci parla con la sua Parola e noi per ascoltare dobbiamo fare silenzio. [...] Si tratta di far tacere noi stessi per ascoltare lui.

Ma a volte anche Dio fa silenzio [...] Che fare allora? Persistere con costanza come di fronte al ritardo silenzioso della sua venuta. Egli stesso ci ha detto che con la perseveranza salveremo le nostre vite. Dio tace, ma questa è una prova di fede. Continuiamo a pregare, non sarà un monologo; sarà invece un appello a chi non dorme né sonnecchia ma vuol vedere di quale spirito e di quale fede viviamo.

(Enzo Bianchi - Bonifacio Baroffio,
La preghiera fatica di ogni giorno)

Gesù si manifesta [...] rendendosi presente e nascondendosi. Si manifesta nei miracoli e si nasconde nell'umiliazione della croce; si manifesta nella risurrezione, però soltanto ad alcuni intimi, e si nasconde alle grandi attese spettacolari del suo mondo e del mondo di ogni tempo. [...] il Dio della Rivelazione è di natura misteriosa; non è soltanto ostensione piatta e plateale di sé bensì ricerca, gioco, relazione continuamente rinnovata.
Per conoscerlo dobbiamo quindi cercarlo, stare al suo gioco. Chi lo vuole ridurre a una dialettica diversa da quella che gli è propria, farà fatica a conoscerlo e ad accettarlo. Lo accetterà con l'intelligenza, ma non si rassegnerà al fatto che non sia come lui si attende.

(Carlo Maria Martini, *Avete perseverato con me nelle mie prove*)

Preghiera corale (*Salmo* 27,7-9.13-14)

Ascolta, Signore, la mia voce.
Io grido: abbi pietà di me! Rispondimi.

Di te ha detto il mio cuore: "Cercate il suo volto";
il tuo volto, Signore, io cerco.

Non nascondermi il tuo volto,
non respingere con ira il tuo servo.
Sei tu il mio aiuto, non lasciarmi,
non abbandonarmi, Dio della mia salvezza.

Sono certo di contemplare la bontà del Signore
nella terra dei viventi.

Spera nel Signore, sii forte,
si rinfranchi il tuo cuore e spera nel Signore.

Tempo per l'*oratio*

Signore mio Dio, unica mia speranza,
fa' che stanco non smetta di cercarti,
ma cerchi il Tuo volto sempre con ardore.
Dammi la forza di cercare,
Tu che ti sei fatto incontrare, e mi hai dato la speranza
di sempre più incontrarti.
Davanti a Te sta la mia forza e la mia debolezza:
conserva quella, guarisci questa.
Davanti a Te sta la mia scienza e la mia ignoranza;
dove mi hai aperto, accoglimi al mio entrare;
dove mi hai chiuso, aprimi quando busso.
Fa' che mi ricordi di Te, che intenda Te, che ami Te. Amen!

(Agostino, *De Trinitate*, 15, 28, 51)

Proposta di *actio*

G. Il Signore ci ha donato la sua Parola.
Accogliamola con gioia e lasciamoci plasmare da essa.
La nostra comunione si rafforzi e ci renda tutti testimoni vivi e credibili del Vangelo, attori di speranza nelle nostre case e sulle strade che percorriamo ogni giorno.

Insieme vogliamo proporci questa attenzione e questo gesto:

____

____

____

G. Sia la Parola di Dio lampada per i nostri passi e luce sul nostro cammino.

T. Sia la Parola di Dio lampada per i nostri passi e luce sul nostro cammino.
Amen.

Padre nostro

Benedizione

Canto di congedo

L'uomo ricco e l'uomo stolto
Cosa conta davvero
(*Luca* 12,13-21)

Canto

G. Nel nome del Padre e del Figlio e dello Spirito Santo.
T. Amen.

G. Il Signore sia con voi.
T. E con il tuo spirito.

INVOCAZIONE ALLO SPIRITO SANTO

Riconoscere lo Spirito (*recitato a due cori*)

Vieni Spirito Santo
rendici docili collaboratori di te;
tu solo apri i nostri orizzonti
e ci fai riscoprire i fratelli e le sorelle.

Vieni a riaccendere l'amore,
a riannodare legami di fedeltà dissolte,
a popolare solitudini desolate,
a fiorire deserti aridi e morti.

Vieni e raduna la Chiesa,
l'unico corpo di Cristo;
dissolvi timori e perplessità
nell'impeto del tuo amore potente.

Vieni e sostieni le sorelle e i fratelli perseguitati,
esclusi, esiliati;

rendili testimoni luminosi,
seme di nuovi cieli e di nuova terra.

(San Paolo VI)

G. Preghiamo.
Signore Gesù, che ci aiuti nella fatica e ci sostieni nella debolezza, rinnova la nostra speranza e rinfranca in ognuno di noi la certezza di chi sa di essere custodito e amato da Te.
Lo chiediamo a Te che vivi e regni nei secoli dei secoli.
T. Amen.

IN ASCOLTO DELLA PAROLA

Canto di acclamazione della Parola

(Il lezionario viene portato processionalmente, fra due ceri, e posto su un leggio, davanti o sull'altare)

(seduti)

Proclamazione della Parola

Lettura del *Vangelo secondo Luca* (12,13-21)

13Uno della folla gli disse: «Maestro, di' a mio fratello che divida
con me l'eredità». 14Ma egli rispose: «O uomo, chi mi ha costi-
tuito giudice o mediatore sopra di voi?». 15E disse loro: «Fate
attenzione e tenetevi lontani da ogni cupidigia perché, anche se
uno è nell'abbondanza, la sua vita non dipende da ciò che egli
possiede».
16Poi disse loro una parabola: «La campagna di un uomo ric-
co aveva dato un raccolto abbondante. 17Egli ragionava tra sé:
"Che farò, poiché non ho dove mettere i miei raccolti? 18Farò
così – disse –: demolirò i miei magazzini e ne costruirò altri più

grandi e vi raccoglierò tutto il grano e i miei beni. [19]Poi dirò a me stesso: Anima mia, hai a disposizione molti beni, per molti anni; ripòsati, mangia, bevi e divèrtiti!". [20]Ma Dio gli disse: "Stolto, questa notte stessa ti sarà richiesta la tua vita. E quello che hai preparato, di chi sarà?". [21]Così è di chi accumula tesori per sé e non si arricchisce presso Dio».

Proposta di *lectio*

Tempo di *meditatio*

Non vivere su questa terra come un inquilino
oppure in villeggiatura nella natura
vivi in questo mondo
come se fosse la casa di tuo padre
credi al grano al mare alla terra
Ma soprattutto all'uomo.
Ama le nuvole la macchina il libro
ma innanzitutto ama l'uomo.
Senti la tristezza del ramo che si secca
del pianeta che si spegne
dell'animale infermo
ma innanzitutto la tristezza dell'uomo.
Che tutti i beni terrestri ti diano gioia
che l'ombra e il chiaro ti diano gioia
che le quattro stagioni ti diano gioia
ma che soprattutto l'uomo ti dia gioia.

(Nazim Hikmet)

Nessuno viene al mondo per sua scelta, non è questione di buona volontà.

Non per meriti si nasce e non per colpa,
non è un peccato che poi si sconterà.
Combatte ognuno come ne è capace,
chi cerca nel suo cuore non si sbaglia.
Hai voglia a dire che si vuole pace,
noi stessi siamo il campo di battaglia.
La vita è un dono legato a un respiro
dovrebbe ringraziare chi si sente vivo.
Ogni emozione che ancora ci sorprende,
l'amore sempre diverso che la ragione non comprende,
il bene che colpisce come il male, persino quello che fa più soffrire
è un dono che si deve accettare, condividere e poi restituire.
Tutto ciò che vale veramente, che toglie il sonno e dà felicità
si impara presto che non costa niente,
non si può vendere né mai si comprerà.
E se faremo un giorno l'inventario
sapremo che per noi non c'è mai fine.
Siamo l'immenso ma pure il suo contrario,
il vizio assurdo e l'ideale più sublime.
La vita è un dono legato a un respiro
dovrebbe ringraziare chi si sente vivo.
Ogni emozione, ogni cosa è grazia,
l'amore sempre diverso che in tutto l'universo spazia
e dopo un viaggio che sembra senza senso
arriva fino a noi.
L'amore che anche questa sera, dopo una vita intera,
è con me, credimi, è con me.

(Renato Zero, *La vita è un dono*)

Beati quelli che sanno ridere di se stessi:
non finiranno mai di divertirsi.
Beati quelli che sanno distinguere un ciottolo da una montagna:
eviteranno tanti fastidi.
Beati quelli che sanno ascoltare e tacere:
impareranno molte cose nuove.

Beati quelli che sono attenti alle richieste degli altri:
saranno dispensatori di gioia.
Beati sarete voi se saprete guardare con attenzione le piccole cose
e serenamente quelle importanti:
andrete lontano nella vita.
Beati voi se saprete apprezzare un sorriso e dimenticare uno sgarbo:
il vostro cammino sarà sempre pieno di sole.
Beati voi se saprete interpretare con benevolenza gli atteggiamenti degli altri anche contro le apparenze:
sarete giudicati ingenui ma questo è il prezzo dell'amore.
Beati quelli che pensano prima di agire e pregano prima di pensare:
eviteranno tante stupidaggini.
Beati soprattutto voi che sapete riconoscere il Signore in tutti coloro che incontrate:
avete trovato la vera luce e la vera pace.

(*Beatitudini per il nostro tempo*)

Preghiera corale (*Salmo* 49,8-14.18-21)

Nessuno può riscattare se stesso,
o dare a Dio il suo prezzo.

Per quanto si paghi il riscatto di una vita,
non potrà mai bastare
per vivere senza fine,
e non vedere la tomba.

Vedrà morire i sapienti;
lo stolto e l'insensato periranno insieme
e lasceranno ad altri le loro ricchezze.

Il sepolcro sarà loro casa per sempre,
loro dimora per tutte le generazioni,
eppure hanno dato il loro nome alla terra.

Ma l'uomo nella prosperità non comprende,
è come gli animali che periscono.

Questa è la sorte di chi confida in se stesso,
l'avvenire di chi si compiace nelle sue parole.

Quando muore con sé non porta nulla,
né scende con lui la sua gloria.
Nella sua vita si diceva fortunato:
"Ti loderanno, perché ti sei procurato del bene".

Andrà con la generazione dei suoi padri
che non vedranno mai più la luce.
L'uomo nella prosperità non comprende,
è come gli animali che periscono.

Tempo per l'*oratio*

G. Cristo ci ha testimoniato che l'unico modo per conservare la nostra vita è quella di donarla agli altri nell'amore:
T. impariamo a relativizzare il nostro rapporto con "le cose" e valorizzare la relazione con "i fratelli e le sorelle".

G. Tutti i beni di questa terra appartengono a Dio che li dona a noi, per vivere in armonia;
T. ci è dato il compito di usarli e amministrarli con saggezza e cura, per donarli a nostra volta alle generazioni future.

G. O Signore, i beni e le ricchezze che accumuliamo anche con un onesto lavoro, non diventino mai approdo difeso e fine ultimo della nostra vita;
T. tieni sempre vigile in noi la capacità di condividere e distribuire ai poveri e a chi vive situazioni difficili.

G. Signore, sappiamo che il tempo della nostra vita rispetto all'eternità è poca cosa

T. ti preghiamo, affinché nel tempo che ci è donato possiamo vivere saggiamente.

Proposta di *actio*

G. Il Signore ci ha donato la sua Parola.
Accogliamola con gioia e lasciamoci plasmare da essa.
La nostra comunione si rafforzi e ci renda tutti testimoni vivi e credibili del Vangelo, attori di speranza nelle nostre case e sulle strade che percorriamo ogni giorno.

Insieme vogliamo proporci questa attenzione e questo gesto:

____

____

____

G. Sia la Parola di Dio lampada per i nostri passi e luce sul nostro cammino.
T. Sia la Parola di Dio lampada per i nostri passi e luce sul nostro cammino.
Amen.

Padre nostro

Benedizione

Canto di congedo

BIBLIOGRAFIA

– Ch. H. Dodd, *Le parabole del Regno*, Paideia, Brescia 2004.

– M. A. Getty-Sullivan, *Parabole del Regno*, Paideia, Brescia 2020.

– B. Maggioni, *Le parabole evangeliche*, Vita e Pensiero, Milano 1992.

– C. M. Martini, *Perché Gesù parlava in parabole?*, EDB, Bologna 1985.

– H. Weder, *Metafore del regno. Le parabole di Gesù: ricostruzione e interpretazione*, Paideia, Brescia 1991.

Calendario decanale della *lectio divina*

Decanato di ______________________________

DATE DEGLI INCONTRI

Primo incontro ____________________________

Secondo incontro __________________________

Terzo incontro ____________________________

Quarto incontro ___________________________

Quinto incontro ___________________________

È possibile conoscere i luoghi e le date della *lectio divina* nei decanati della diocesi di Milano consultando il sito dell'Ac ambrosiana: **www.azionecattolicamilano.it**

INDICE

Finito di stampare nel mese di luglio 2021
presso Boniardi Grafiche – Milano